완전한 사랑

완전한 사랑

발　행 | 2016년 11월 23일
저　자 | 이승석
펴낸이 | 한건희
펴낸곳 | 주식회사 부크크
출판사등록 | 2014.07.15.(제2014-16호)
주　소 | 경기 부천시 원미구 춘의동 202 춘의테크노파크2단지 202동 1306호
전　화 | (070) 4085-7599
이메일 | info@bookk.co.kr

ISBN | 979-11-272-0726-7

www.bookk.co.kr

완전한 사랑

이승석 지음

CONTENT

작가의 말

일상생활에서 만나는 모든 사람들과 사물들에게서 글을 쓰는 소재를 얻었습니다. 밥 먹는 숟가락부터 길 모퉁이에 서 있는 전봇대, 산에 오르면서 보게 되는 꽃과 나무들, 심지어 숲으로 현장 체험학습 온 유치원 아이들이 모두 이 글의 주인공들 입니다. 심각하게 머리를 쥐어짜며 고통의 어휘를 끄집어내기보다는 가급적 쉬운 말로 가볍게 얘기하듯 쓰고자 했습니다. 그러면서도 내용적으로는 읽는 이에게 한번 쯤 자신의 과거를 회상하며, 현재의 모습과 미래에 대해 깊은 생각을 갖게 해주면 좋겠다는 바람도 담았습니다. 그래서 저의 개인적인 경험과 생각들이 여러 사람들과 공감할 수 있게 된다면 정말 좋겠다는 희망을 품습니다.

제가 쓴 글을 조심스럽게 내밀었을 때 크게 기뻐하며 응원해준 아내가 있어 『완전한 사랑』이 나올 수 있었습니다. 이 자리를 통해 감사의 마음을 전하며 여러모로 저를 도와주시는 모든 분들에게도 감사를 드립니다. 특히 얼마 전 하늘나라로 올라가신 엘리사벳 박정희 할머니에게 이 글을 바치고자 합니다.

2016년 11월 21일

이 승석

꽃

꽃들은 친절해
어제 본 사람
처음 본 사람
언제나 웃으며 인사해

예쁜 내 모습
무심코 지나는 사람도
뒷모습이 작아질 때까지
손 흔들며 인사해

혼자선 움직일 수 없어
바람에게 부탁해
부지런히 손 흔드는
꽃들은 상냥해

달리기 꽃

꽃들은 계주 선수
진달래가 첫 주자
찬바람을 가르며
3월의 운동장을
수줍게 달린다.

옆 라인 개나리
진달래를 앞질러
노랗게 달리고
헉헉대는 숨을 다해
벚꽃에게 바통 터치

저 멀리
마지막 철쭉
차례를 기다리며
빠알갛게 동동동
꽃망울을 봉봉봉

소중한 당신

짜게 드시지 마세요.
맵게도 안 됩니다.
과음, 과식 모두 안 되죠.

기름진 음식,
라면, 피자, 햄버거는
일체 접근 금지입니다.

몸이 아프면
마음도 약해진다니
어깨 쫙 펴시고
긍정적이고 웃으면서 사세요.

슬슬 동네 한 바퀴
산책도 잊지 마세요.

당신은 소중한 사람

아들 셋을 키우랴
고생으로 삶을 채우신 분

인생의 황혼기
아름답게 보내셔야 합니다.

지난날의 슬픔들
모두 잊으시고

하루하루 건강 속에
감사하는 마음으로
살아가시길 기원합니다.

그리움

늘 있다가
어느 날 사라지면
그리움은 눈물이 되어

시간이 흘러도
잊혀지지 않는 건
너와의 기억을
버릴 수 없기 때문

꿈속에서만
너를 볼 수 있어
난 영원한 잠 속으로
들어가고파

배고픔에 눈을 뜬
내가 싫어져
오늘도 난
울음을 삼킨다.

맛 집에 가면

맛 집에 가면
열정 한 가득
좁은 길, 굽은 길
돌고 돌아서
그 곳이 어디든 찾아가지요.

맛 집에 가면
웃음 한 가득
다닥다닥 붙어 앉아
불편하여도
얼굴엔 기쁨이 넘쳐나지요.

맛 집에 가면
행복 한 가득
사랑하는 사람과
함께 있음에
고달픈 하루가 잊혀지지요.

나그네

깨달음을 얻으려면
떠나라

가진 것 모두
훌훌 털어 버리고

나비처럼
날아라

길이 가르쳐 주는
삶의 진리를
느껴라

머무는 순간
썩은 웅덩이
되고 말지니

흩날리는 꽃씨 되어
사방으로
온통
퍼져라

좁은 길을 찾아다니는
나그네가 되어라

유리 마음

사람의 마음은
유리와 같아
쉽게 깨지고
상처 받지요.

말씨 하나
토씨 하나
송곳 되어
아픔 주지요.

깨진 조각에
피라도 흘리면
화난 유리는
무기 되지요.

사람의 감정은
솜털처럼

연약합니다.

호호하고
조심스레 불어주세요.

후후하고
제 멋대로 날려 버리면
하늘의 별들마저
사라집니다.

뇌섹남

요즘 '뇌섹남' 들어 보셨죠?

'얼짱'이 주류였을 때
예쁜 얼굴에 마음이 혹
고친 얼굴에 실망이 훅

얼굴 딸린 자들은
몸으로 승부

뽀올록 똥배는
우둘툴 강판이 되죠.

이젠 '몸짱'이 대세

하지만
가슴만은
가슴만은

닭 가슴이 되어야 해요.

얼굴도 몸매도 안 된다하면
비장의 카드가 있으니
'우기기 작전'

보이지 않아도 보이는 것처럼
섹시하지 않아도 섹쉬하듯이

나도 이제 '뇌짱'입니다.
마음껏 소리쳐도
확인 불가능

모두가 '짱'인 세상
하나도 가진 것 없는
'짜증'인 세상

목 련

사람과 목련은
이란성 쌍둥이

젊어서는
은은한 우유 빛
맨 얼굴에
생기가 가득

지나는 시선 모두
한 몸에 가득

기쁨도 잠시

흐르는 세월 앞에
당할 자 누구

검게 탄 얼굴은

땅으로 땅으로

삶에 애착으로
마른 가지
붙들고 울지만

가벼운 바람 앞에
소리 없이 사라지는
작은 흙먼지

4월의 비

4월의 비는 시샘의 비
꽃들이 저마다 자신을 뽐내자
사람의 관심을 잃은 4월의 비는
세찬 바람과 함께
꽃잎을 떨궈요.

사랑이 없으면
존재의 의미를 잃는 것은
4월도 마찬가지
추운 겨울이 지나고
따뜻한 봄이 왔건만
자신을 몰라주는
사람들이 얄미워
꽃들을 적시고
땅에 눕혀요.

대지(大地)는 덕분에

갈증을 풀고
비단보다 고운
꽃이불을 덮으며
4월의 비를 위한
노래 불러요.

눈높이 교육

마냥 뛰놀고 싶은 아이들
억지로 책상 앞에 앉혀
어려운 책 밀어대고
읽어라
느껴라
강요만 하죠.

올챙이 기억을 지운
어른 개구리들은
시간을 건너 뛰어
척척 박사가 된 듯
아이 앞에서
아는 척
잘난 척
어깨만 으쓱

눈높이를 맞추어

아이가 되어보세요.

무엇이 좋고
무엇이 싫은지
가슴으로 느껴보세요.

사육(飼育)이 아니라
교육(敎育)입니다

가슴에 묻어둔
재능이란 스위치를
살짝만 바꿔주세요.

태양보다 뜨겁게
별들보다 빛나게
사회의 큰 인물로
자랄거에요.

눈높이를 맞추면

성지순례 (聖地巡禮)

비행기 타고
예루살렘에 가봐야
성지순례인가요.

마음에서
예수님 만나면
내가 있는 이 곳이
성지이지요.

예수님
고향과 무덤 찾기는
과거에 대한
불필요한 집착

예수님의 사랑이
나의 삶과 일치하도록
기도드려요.

성령의 힘으로
부활을 체험하는
참 그리스도인 될 수 있도록.

영화관에 가면

먹구름 가득 찬
우울한 날이면
하늘보다 어두운
영화관에 갑니다.

달콤한 팝콘과
톡 쏘는 음료의
위로를 받으며
타임머신 CGV호
승무원 안내를 받아
행복이 예약된
자리를 찾아갑니다.

과거와 미래를
빛보다 빨리
현실을 잊은
두 시간의

시간여행 떠나요.

조명이 어둠을 삼켜버리면

먹다 남은 팝콘은
휴지통으로

마음속의 근심은
시간 속으로

가벼운 발걸음은
세상 속으로

불타는 금요일

유난히 힘든
월요일을 보내고
화요일부터 목요일까지
일과 공부에 허덕인 당신

이제 슬슬 몸이
꿈틀댈 시간

어떤 일탈 즐길까
생각만 해도
금요일 아침부터
즐겁기만 해

일찌감치 기막힌
약속 잡히면
하늘을 날 것 같은
설레는 이 밤

애석하게 TV앞에 선 당신
꽃보다 아름다운 할배와
그리스로 떠나요.

도시가 싫다면
병만족과 떠나는
정글 여행도 있어요.

외로운 사람은
저와 함께 치맥 어때요
배달은 서비스입니다.

눈물의 맛

눈물도 맛이 있데요.
화날 땐 짠 맛이구요
슬픈 때 신 맛이래요.
싱거운 물맛을 보려면
웃어야 하구요.

몸의 원리는 간단합니다.
나쁜 것은 독하게
좋은 것은 순하게

우리네 인생살이 마찬가지죠.
나쁜 놈은 독하게
좋은 놈은...
아~
좋은 놈도 독해야 하네요.

천사는 늘 우리 곁에

천사는 부모가 되어
나를 낳고

선생님이 되어
나를 가르치고

아내가 되어
나를 사랑한다.

지상의 삶을 누릴 수 있는 것은
모두 수호천사 덕분이다.

이젠 내가
누군가의 수호천사가 되어야 한다.

검은 비닐

비닐
너는 마치 박쥐 같구나.

갈기갈기 찢어져
땅 속에 묻히면
오래토록 썩지 않아
환경오염 주범이 되지

힘없이 나풀거리는
연약한 몸으로
생명력은 어찌도
그리 질기냐.

축축한 습기를
온 몸에 안고
검은 흙에 파묻혀
숨마저 죽인 너

태양빛에 살짝
얼굴 비추면
어느새 빤딱 빤딱
윤기가 좔좔

오늘은 텃밭에
고추 심으러
땅을 뒤집고
이랑 만든 날

잡풀이 제멋대로
자리 못 잡게
너의 검은 양탄자
흙 위를 덮으면

어느새 농부에게
사랑받는
환경 지킴이

동전 한 닢

동전 한 닢에도
삶의 진리가 담겨져 있다.

주머니 속에 있으면
자판기 커피 한 잔의
화폐가 되지만

마음속에 넣으면
긍정과 부정을
모두 살피는
혜안(慧眼)을 얻게 된다.

세상엔 선과 악이 없다.
내가 보는 시선이
반사되어 돌아 올 뿐이다.

나는 동전을

돈으로 보는 사람인가

스승으로 섬기는 사람인가

어떻게 살 것인가

웃으면 복이 온다죠.
복을 얻은 후에야 웃는 건 아니랍니다.

건강할 때 운동하나요?
운동해야 건강해 집니다.

강한자만이 살아남는 게 아니라
끝까지 살아남아야 강한거지요.

성공할 때 행복한 것이 아니라
늘 행복한 사람이 성공하는 것처럼

행 복

너와 하나 될 순 없어도
너와 함께 할 수 있지

온종일 모든 것을 공유하며

나는 네가 되고
너는 내가 되지

그래서 행복하지

너무 사랑하면
그리움도 아픔이 된다지만

흙에서 하나가 된다는
믿음이 있어

그래도 행복하지

일요일 저녁

일요일
저녁 11시만 되면
불안함이 가득

오래 씹어 턱만 아픈
풍선껌처럼

텔레비전 단물을
모두 마시고

이제
잠자리에 들 시간

이틀간의 꿀맛 같은 휴일은
왜 이리도 짧은지

말년 병장

복귀하는 기분이
이렇겠구나

돌아오지 않는 시간을
야속해하며
까만 밤 하얗게
지새우련다.

사랑의 밧데리

눈 뜨자마자
좋은 꿈꾸었냐며
입맞춤

머리 곱게 빗고
학교로 향하는
현관문 앞에서
입맞춤

열심히 공부한
초롱초롱 빛나는
눈을 보며
입맞춤

체르니를 연습하는
옆자리에
살짝 앉아

입맞춤

동화책을 읽다가도
심심해서
입맞춤

저녁 먹고 양치질하기 전
입술 위 밥풀을 털어내며
입맞춤

울고 있어도
웃고 있어도
자고 있어도
언제나 입맞춤

이렇듯 나는
너의 입맞춤 없이는
그 즉시 방전되는
사랑의 밧데리

후회 없는 삶

오늘 하루 어땠나요?

어제와 같은 시간
죽지 못해 살았다는
슬픈 대답은 싫습니다.

지금 곧
세상을 떠나더라도
후회 없이 살았노라고
큰 소리로 외쳐보아요.

세상 구경 다 했다고
세상 물건 다 가졌다고
미련 없이 떠나지는 못 합니다.

어느 것 하나
아주 사소한 것 하나라도

자신의 모든 것을
던져주세요.

자신을 온전히 발휘할 때
평화가 찾아옵니다.
행복이 찾아옵니다.

합격

세상사는 동안
가장 듣기 좋은 말

고통의 시간을
기쁨의 결실로 바꾸는
마법 같은 힘

너를 듣고자
그렇게 긴 시간을
돌아서 왔다.

눈물로 웃음 짓는
이 순간

내게로 온 네가
마냥 즐겁다.

아빠의 입맞춤

"일어나세요, 아침입니다." 하며 뽀뽀
"학교 잘 다녀오너라." 하며 또 뽀뽀

오빠와 싸워 울고 있어도
살짝 다가와 뽀뽀

책 읽고 공부하고 있을 때
기특하다며 백허그

알아요 난
아빠의 입맞춤은
나를 위한 눈맞춤이란 걸

소풍 가는 날

오늘은 아이들
현장체험 학습하는 날

아빠 어렸을 때는
소풍이라고 불렀지

이름만 들어도 설레임

소고기 김밥과
톡 쏘는 사이다
삶은 계란 한 봉지까지
소풍가방은 벌써부터
배가 불렀다.

봄처럼 싱그럽던
아이는 이제
또 다른 봄을 낳고

늦가을이 되어

도시락에 탑승 못 한
끄트머리 김밥과
애처로이
시선을 마주하고 있다.

너에게만 있는 것

갓 태어난 병아리
어미 닭 가는 길 따르듯

노오란 원복 입고
숲을 찾은 아이들

선생님 구령에 맞춰
하나 둘 하나 둘

너흰 어쩜
하늘만큼 파란 눈을 가졌니.

너흰 어쩜
꽃 보다 향긋한 미소를 가졌니.

옹달샘처럼
맑고 깨끗한 얼굴로

만나는 사람마다
반가운 인사

세상을 다 가진 사람이
딱 하나 갖지 못한 걸
너희는 갖고 있구나.

순진(純眞)한 영혼이요
순수(純粹)로 자라다오.

흙처럼 살라

허공을 채우려는
욕심 버리고
가장 낮은 곳에서
세상 모든 것을 섬기는
흙처럼 살라

대지(大地)가 흔들리면
어느 것 하나
안전할 수 없어
어떤 어려움에도
흔들리지 않는
흙처럼 살라

없는 듯 있는 듯
있는 듯 없는 듯
자신을 내세우지 않고
묵묵히 자신을 내 놓는

흙처럼 살라

타인의 발돋움을 위해
이 한 몸 부서져
가루가 되어도
혼자가 아닌
모두가 함께 하는
흙처럼 살라

시인(詩人)으로 산다는 것

암탉이 알을 낳듯
매일 아침 시를 쓴다.

내 안의 흩어진
모든 에너지를 끌어 모아
하나의 단어를 낳는다.

그렇게 모여진 단어들이
노른자가 되고
흰자가 되고
껍질이 된다.

나의 시를 먹은
누군가에게
한 끼 영양분으로
사용된다면
얼마든지

시를 쓸 것이다
암탉이 알을 낳듯이

빵과 꿈

시인은 시만 써서는 살 수 없습니다.
철학자도 철학만 해서는 힘이 들지요

사람이 꿈만 품고 만족할 수 없잖아요.

통장의 잔액이 없으면
그 때서야 빵의 소중함을 알지요.

빵을 삼켜야 꿈도 꿀 수 있답니다.

숟가락

갓 지어낸 밥솥에서
윤기 좔좔 흐르는
흰 쌀밥을 안으면
내 몸에 영양을 공급하는
건강 전도사

아이들 몰래
삼년 홍삼이 잠긴
달콤한 꿀을 담으면
어젯밤 과음한
아빠 속을 달래는
속풀이 해결사

삼겹살 구워 먹은 돌판 위를
새까맣게 달라붙은
누룽지 긁어내면
숟가락은 어느새
숯 가락

주문(呪文)

우르르 꽝꽝
하늘에서 울리는
천둥소리가 아니다
검은 땅을 뒤흔드는
혼돈의 절규다.

지구의 최고봉인
영험한 만년설도 움찔

얼마나 큰 원성(怨聲)을 듣고자
자신의 배를 갈라
세상 것을 가져가느냐.

신들의 나라에서
무슨 원한 있길래
순박한 사람들을 희생양 삼느냐.

부디 먹은 것 토해내고
깊은 잠으로 빠져들어라
너의 본성을 찾아
영원히 잠들라.

우리는 하나

'몸'이라는 단어를 눕히면
'마ㅁ' 되지요.
'마ㅁ'은 '맘'으로 읽힌 후
다시 '마음'이 됩니다.

겉으로 보이는 것은 '몸'이라 부르고
속에 자리 잡은 것은 '마음'이라 불러요.

동전에 양면처럼
몸과 마음은 각각
한 면(面)씩을 대표합니다.

이 중 하나가 없다면
동전이 될 수 없듯이
몸과 마음 모두가
'나'에겐 소중하지요.
몸이 아프면 마음도 병들고

마음이 병들면 몸도 시드는 것을
한번쯤 경험했을 거예요.

몸과 마음은 하나랍니다.

상추

상추야
너는 한 때 상치라고 불렸지

사람들 모두 상추라 했지만
교과서와 방송은
상치라 우겼지

외모와 딴판이던
새침한 도시적 이미지
바꾸길 잘 했어

오늘도 급히
찬물로 세수를 하고
물기를 털어내며
식탁위에 앉은 너

아까부터 와 있던

길쭉이 오이
맴맴이 고추
고추장을 벌겋게 바른
보리밥까지

식탁을 풍성히 채우는구나

운동회

갑갑한 교실을 벗어나
하루 종일
운동장에 뛰어 놀 수 있는 날

공부하지 않아도
부모님 모두 웃으며
맛있는 음식 먹을 수 있는 날

친구보다 좀 더 빨리 달렸을 뿐인데
손등에 '참 잘했어요' 찍어주고
공책과 연필도 받는 날

할아버지가 주신 용돈으로
솜사탕 떡볶이 장난감
마음껏 사는 날
이렇게 좋은 날
비라도 내리면

두고두고 하늘을 원망하는 날

이제는 학부모 되어
내가 받은 사랑을
그대로 전해주는 날

추억을
기억하는 날

낯설음

숨을 쉬고 있지만
사는 게 사는 것이 아니다.

나를 바라보는
시선도 부담스럽고

내 몸을 꾹꾹 눌러보는 손짓과
꼬리를 잡아 허공에 매다는 호기심은
나를 더욱 지치게 한다.

바늘에 찔린 입안은
아직도 얼얼하기만 하고

자유롭게 헤엄치던
바닷속이 그립다.

이곳에서 만난

모든 생명체는
그저
낯설기만 하다.

강원도의 힘

고향이 아니어도
마음이 편한 곳

바다가 있어
낭만이 있는 곳

산이 있어
치유가 되는 곳

맑은 공기가 있어
언제나 상쾌한 곳

누구에게나
어머니 품처럼
따뜻하고 넉넉한
모두의 고향
이것이 바로
강원도의 힘

속초 바다에는 없는 것

속초에는 모든 것이 있다.
바다
해변
등대
맛집
펜션
등등

하지만
갈매기는 없었다.

희망

희망이 없다면
이 길은 없으리라

꿈이 이뤄질 거라는
기대가   없다면

아무도
이 길을 걷지 않으리니

깊은 어둠의 한줄기 빛처럼
희망은 빛이 되어

그 길로
우리를 인도 한다.

출렁 다리

출렁이는 다리를 건너야만
사랑하는 님을 만나죠.

다리 앞에서
님을 본다는 생각만으로도
나의 마음은 울렁

멀리서 이를 시샘하는
푸른 바다는
애꿎은 파도만 출렁

혹시나
오늘도 다시 돌아가야 하는 맘에
나의 가슴만 철렁

모래성

모래로
성을 쌓아요.

천년의 왕국을
지으려는 게 아니랍니다.

뜨겁던 사랑의
어젯밤 추억을

하얀 파도 거품에
던져 버리고

새로운 사랑을
찾으려는 것이죠.

모래로

성을 쌓으면

사랑의 흔적을
깨끗이 지울 수 있어

난 오늘도
외로운 갈매기 되어
바다를 찾는답니다.

천사

하늘에 살던 천사가
지상(地上)의 삶이 궁금해
살짝 내려옵니다.

엄한 아버지의 벌을 받아
양쪽 날개를 잃어버리고
나무꾼의 아내가 되었죠.

더 이상 제 살던 고향으로
돌아갈 수는 없지만

인간은 그 후로 지금까지
어린 천사들과
같이 살게 되었답니다.

등대

네가 있어
배는 어둠속을 달리지

네가 있어
파도는 해변을 찾지

네가 있어
사람들은 낭만을 노래하지

거친 바람에
홀로 있어도

네가 있어
우리는 사랑을 알지

인디언의 지혜

말을 타고
초원을 달리는
인디언

뒤처진 영혼을
기다리며
가던 길을 멈춘다.

차를 타고
곳곳을 누비는
우리들

뒤처진 시간을
잡으려
가던 길을 재촉한다.

마음은 몸과 달라 쉽게

정을 주지도 떼지도 못해

순간마다 이별하는 마음에겐
떠남이 슬픔이다.

몸과 마음이 함께 가야
비로소 인간이니

한번 스친 인연
오래토록 붙들려는

그것이 마음
우리의 마음

삶의 무게

책상 위에
종이 한 장

책상 위에
책 열 권

책상 위에
어른 다섯 명

책상 위에
코끼리 한 마리

첫 만남

파고다 공원 맞은 편
시사영어사 앞
수많은 사람이 지나가는 곳

누군가 불러주길 바라는
상기된 표정만으로
나는 찾을 수 있었다.

오랜 기다림 끝에 만난 당신
나의 운명입니다.

게임의 법칙

오랜만에
멀리 살던 동생들과 친척들이 모이면
어김없이
화투판이 열린다.

지위고하 막론하고
모두가 평등

실력은 기본
특히 운이 따라줘야 한다.

따면 좋지만
잃어도 나쁠 건 없다.

동전 몇 개
더 모으려는 것이 아니라
동전 속에 숨겨진

사랑을 확인하려는 것이다.

화투짝이 제 짝을 만나야
청단 홍단 고도리
점수를 높이듯

우리도 어울리는
사람들을 만나야
흥이 돋는다.

패들이 짝짝하고
마음속에 달라붙는다.

길

어제 내린 시원한 비로
말끔하게 초록을 되찾은 들꽃이

쭉 뻗은 산책길에
반갑다 인사하네.

낮은 자세로
콧노래 부르는
나팔꽃

노란 밥풀을 매달은
기린 목의 들꽃과
보라색 카네이션을 닮은
너도 나와 있구나.

혼자 가는 이 먼 길 옆에

묵묵히 지켜보는
너희가 있어

나는 오늘도
즐겁게 걷는다.

내 몸의 별

머리를 들어
밤하늘을 봅니다.

무수히 많은 별들이
쏟아질 듯
반짝입니다.

시선을 돌려
나를 봅니다.

내 안에도
별들만큼이나
수많은 세포가
숨을 쉽니다.

은하의 별들과 같은

물질로
은하의 별들만큼이나
많이
은하의 별들만큼이나
아름답게

밖을 향하면 대우주요
안을 향하면 소우주입니다.

내 몸은 별입니다.

보약

삼년 산 홍삼 한 뿌리
통째로 마셔도

진짜 백수오
몇 달을 달여 먹어도

나에겐 오직
당신의 환한 미소가
진정한 보약입니다.

효 자 손

등이 가려울 때면
대나무 효자손이 있어
마음껏
긁어댈 수 있지만

가려움 넘어
마음 속 허전함은
채울 수 없다.

엄마의 따뜻한
손길이 주는
매운 시원함을
느끼지 못 하는 것이다.

오늘따라
빈 자리가
더 크게 다가온다.

사랑의 거리

태양을 보세요.
지구의 생명체
어느 것 하나
그 없이 살 수 없지만
그토록 소중한 존재지만
가까이 가면
누구라도 흔적 없이
사라지잖아요.

사랑한다면
적당한 거리를 가지세요.
가까이도 아닌
멀리도 아닌
따뜻한 눈빛을
몸으로 느낄 수 있을
그 만큼의 거리
간섭하지 않고

소외받지 않는
사랑의 거리
태양의 거리

삶의 기쁨

낮에는
뜨거운 태양의 에너지를
받을 수 있어 기쁘고

밤에는
낮에 못 본 수많은 별들을
볼 수 있어 기쁘다.

아름다운 꽃향기를
맡을 수 있어 기쁘고

즐겁게 노래하는 새소리를
들을 수 있어 기쁘다.

사랑하는 사람의 손을 잡고
들과 산을 걸을 수 있어 기쁘며
숨을 들이 마시고

내 쉴 수 있는 것조차 기쁘다.

내 안에 깃들어 있는
'참나'가 있어 정말 기쁘다.

지금 이 순간

밥알 하나에 담긴
무한 에너지를 느껴봐

치아 하나하나
부드러운 솔질로 위로해

한 발 두 발
발자국을 세어 걸으며

대화는 늘
애인과 이야기 하듯이

지금 이 순간
다시는 못 올 시간

내가 살아 숨쉬는
유일한 시간

꿈

갖고 싶은 것
하고 싶은 것
되고 싶은 것
종이 위에 써 보렴.

간절한 마음으로
또박또박
지금 곧 이루어진 것처럼
상상을 해보렴.

어느덧
미소가 찾아와
얼굴 위에 번지고

오늘도
힘찬 하루를
맞이할 거야.

삶

너는 우주란다.
우주에서 왔고
우주 속에 살고
우주로 돌아갈 거야.

집착 하지 마
가지려 해도 가질 수 없고
가진다 해도 네 것이 아니지

모든 걸 내려놓을 때
진정한 자유가 올 거야.

매순간 호흡하며

네가 보는 것 보다
네가 듣는 것 보다
네가 느끼는 것 보다

더 큰 세상을 가져 봐.

우주의 기운을 담아 봐.

생명의 바다

내가 바다로 간 까닭은
내 생명의 고향이기 때문이다.

밀려오고 멀어지는 파도를 들으면
나의 심장과 맥박이
파도의 리듬에 맞춰
함께 춤을 추다
하나가 된다.

흐트러진 몸의 질서가
제자리를 찾고
마음에 평화를 찾는다.

달은 파도를 통해
나에게 속삭인다.

때론 크게 때론 작게

때론 거칠게 때론 부드럽게

나는 누구이고
어디서 왔는지를

그 속삭임에
상처는 아물고
순수로 돌아간다.

내가 바다로 간 까닭은
내 생명의 고향이기 때문이다.

사랑의 인사

사랑합니다.
감사합니다.

오늘 나의 한 마디가
누군가를 구해 낼 수 있어요.

할 수 있는 한 많이

사랑합니다.
감사합니다.

마음을 전해주세요.

행복의 길

오늘 하루
'감사합니다'라는 말
몇 번 하셨나요.

행복하고 싶다면
감사의 마음을 가져보세요.

주위의 모든 것에
사랑을 표현하세요.

무엇을 소유했느냐가 아니라
어떤 존재이냐가
행복의 기준입니다.

지식인

아는 것이 힘이라 했단다.

네가 가진 지식은
수천 년 인류가 준 눈물의 선물
짧은 단어 하나에도
온갖 노력과 희생이 녹아 있고
우주의 이치가 담겨져 있다.

지식을 얻은 너의
생각이 바뀌고
행동이 변하는 것은
그 속에 담긴 에너지 때문이야.
지식의 크기만큼 에너지를 내뿜지.

지식은
너만을 위해 사용하는 것이 아니야.
이웃을 위해

국가를 위해
인류를 위해 사용해야지.

지식은
소유로 제한되지 않고
공유로 자유롭게 퍼져야 한단다.

지식을 본성에 맞게 사용하는 자
그가 바로 지식인이지.

널리 세상을 이롭게 하는 자
바로 너란다.

설레임

꿈을 가진다는 것

어떻게 하면
그 꿈을 이룰지
방법을 안다는 것

꿈을 이룬
내 모습을
상상한다는 것

그 첫걸음을
내딛는 것

가슴은 마냥
설레임

지 혜

정보가
나만을 위해 사용되면
그건 지식

정보가
모두를 위해 사용되면
그건 지혜

아는 것이 힘이라 했지
누구를 위해 사용하느냐
약 또는 독이 되지

넌 무엇이 되고 싶니?

깨우친 사람

시련을 만나면
두 가지 반응이 있지

시련을 부정하는 사람
왜 나에게
이런 고통 오냐며 불평만 가득

시련을 사랑하는 사람
고통에 담긴
삶의 교훈을 찾아서 행복이 가득

불평에 그치면
고통은 계속 되고

행복을 찾으면
한 단계 성숙하지

깨우쳤다는 것은
도(道)를 안다는 것

매일 만나는
사람과 사건 속에서
진리를 찾지

깊은 산속을 찾지 않아도
도심 한 가운데에서도

관점을 바꾸면
얼마든지
평온할 수 있지
숨을 쉴 수 있지

성공

성공하고 싶나요?

돈 많이 벌어
넓은 집도 사고
멋진 차도 사고
세계 여행도 맘껏 하고 싶을 거예요.

그런데
성공은 재물이 아니랍니다.
생각만큼 가질 수도 없고요.

관점을 바꿔야해요.
욕심을 채우려말고
능력을 채워야해요.

실력을 쌓아
사회에 도움을 주세요.

얼마만큼 모았는지 보다
얼마만큼 베푸는지에 따라
성공이 결정됩니다.

전봇대

나는 전봇대
머리 위로 고압선을 이고
에너지를 나르지

혼자 있지만
결코 혼자가 아니야
선과 선으로 연결된
공동체 일원이지
그러니 외롭지 않아

제 역할을 못하면
크든 작든
불편과 고통을 주기에

어떤 시련이 와도
묵묵히 버티지
나의 존재로

세상이 밝아지기를 꿈꾸는
나는 전봇대

경외(敬畏)

세상을 움직이는 커다란 힘
어느 누구도 예외일 수 없는
자연의 법칙

그 거대한 움직임 앞에서
존경과 두려움을 느끼네.

거스를수록
파멸만 재촉할 뿐

힘을 이용하려는 술수와
힘을 넘어서려는 오만을 버리고

순종만이
생명을 살리는 길이리라

윤회

이루지 못한 사랑이 있으면
다시 태어나리라
이루지 못한 꿈이 있어도
다시 태어나리라

가슴 속 깊은 원한이
모두 풀릴 때까지
돌고 도는 인생은
계속되리라

지금
혼신의 힘을 다해
아쉬움을 남기지 않는다면
헛도는 삶을 끝마치리라
영원한 행복의 나라로
살아가리라

공유의 시대

소유는 가라.
알량한 지식으로
족장, 추장, 대장 자리 꿰차던
호시절은 갔으니
조용히
역사의 그림자로 사라져라.

대신
공유가 와라.
거인처럼 커진 지식
너나 할 것 없이
베풀고 나누는
역사의 주인공이 되라.

유유히 흐르는 강물처럼
한 곳에 머물지 말고
끊임없이 흘러라.

몸 속에 흐르는 피처럼

돌고 돌아

생명을 살려라.

반갑다 로봇

이제
하루 종일 반복되는
지루한 일은
너에게 맡길게

위험하고 힘든 일도
앞으로
네가 알아서 해줘

너도 이제
지능을 가졌으니
일일이 지시하지 않아도
스스로 할 수 있으리라 믿어

앞으로 나는
좀 더 고상하고
지적인 일을 하려해

혹시 이 일도
언젠가 싫증나고
네가 할 수 있는 날이 오면
미련 없이 너에게 물려줄게

그때까진
아까 말한 일들을 부탁해

나는 비로소
일의 노예로부터 벗어나지만
넌 당분간
노동의 기쁨을
충분히 즐기길 바라

별들의 고향

시골 작은 마을에 있어도
한국인

대한민국 한반도에 있어도
지구인

부지런히 맴도는 지구에 있어도
우주인

무수한 별들이 자신을 뽐내며 사는 곳
그곳은 하늘

그 별들이 호기심으로 바라보는 지구도
같은 하늘

하늘 아닌 곳이 없으니
모두가 별들의 고향

사랑이 없으면

최신형 자동차도
연료가 없으면

돈이 아무리 많아도
무인도에 있다면

많은 지식을 갖고 있어도
사랑이 없으면

아무 소용이 없습니다.

신과의 대화

오늘 보고 들은 것
오늘 만난 사람
그 속에
신의 메시지가 있지

신은 늘 전해주지만
우린 늘 무시했었지
직접 나타나 말해줄 수 없어
사물을 통해 가르침을 전하지

진리는 책에 있지 않고
현장에 녹아 있으니
매일 접하는 모든 것을
소중히 생각해야지

이것이 바로
신과의 대화가 아닐까?

하나의 신(神)

신은 하나다

나만의 짝사랑이어서가 아니라
모두의 짝사랑이기에 하나

나는 옳고 너는 틀려서가 아니라
나도 옳고 너도 옳기에 하나

장소와 시간에 제한되지 않고
세상 모두를 아우르기에 하나

사람마다 부르는 이름은 달라도
과거부터 현재까지
또 미래에도 하나

수박

뜨거운 태양빛으로
속부터 빨갛게 타들어간 너는
은빛 칼날
쩍 하는 외마디 비명과 함께
부끄러운 속살을 내비친다.

듬성듬성 잘라진 너를 붙들고
덥석덥석 살과 즙을 삼키면
더위는 어느새
개미처럼 작아진다.

너의 희생으로
우리가 사는 것을 보면
넌
자신의 피로써
우리를 구원하신
그 분을 닮았구나.

고마워라 우리 주님
미물(微物)에도
깊은 뜻을 담으셨네.

신앙 고백

"당신이 세상에서 제일 예뻐"
김태희가 들으면 펄쩍 뛸 말
그래도 난 그렇게 믿지

"예수님만이 유일한 구원자"
석가모니가 들으면 내심 서운할 말
그래도 난 그렇게 믿지

믿음과 사실을 분별하면
오해, 시기, 질투는 사라지지

위기를 기회로

지금
힘들고 아프고 어려운 것
남을 탓하지 말자.
나에게 오는 모든 것
그 속에 가르침 있사오니
내가 알지 못한
실수와 잘못
주변을 살피고
기본에 충실하자.
어려움을 이겨내고
위기를 기회로 만들 때
어제의 나는 과거가 되고
오늘의 나는 미래가 된다.

부부

남자와 여자가
운명처럼 만나
부부가 됩니다.

새로운 삶의 시작이지
완성된 삶이 아니랍니다.

서로를 아끼고 배려하는
노력이 있어야
참 부부가 되어요.

순간 방심으로
별들 사이만큼
멀어지지 않도록

나를 사랑하듯
상대를 사랑해 주세요.

일심동체를 향한
끊임없는 노력만이
부부의 끈을 이어준답니다.

이별

어려서 코 흘릴 적부터
하나하나 가르쳐 주었지

우왕좌왕 실수도 많았지만
조금씩 성장하는 모습이
마냥 예쁘기만 하였지

이제는 제법
혼자 날 수 있기에
불안한 마음이지만
제 갈 길을 가게 해주지

겁을 먹고 잠시
제자리로 돌아올 수 있어도
결국은 먼 곳으로
더 높이 날아가야만 하지

보내는 마음
기쁘기도 아쉽기도 해

부디 건강하고
새로운 시대를 여는
일꾼이 되길 바랄 뿐이지

줄넘기

땅을 박차고 뛰어야
줄을 넘을 수 있지.
하지만 안심은 금물
한번을 넘겼어도
또 다시 넘어야 하지.
고통의 시간은 멈추지 않아
매순간 최선을 다하여
뛰고 또 뛰어야만 해.
혹시
돌리던 줄에 걸려
휘청거릴지라도
멈추지 말고
다시 힘을 내어
뛰고 넘어야 하지.

퍼즐

흩어진 퍼즐 조각
혼자선 의미 없지

나와 다른
누군가를 만나야
의미 있는
무언가를 만들지

우리 사는 인생
퍼즐과도 같아

서로를
보듬어
안을 때

어렵지만
해결되지

할머니

아주 먼 친척 할머니가 돌아가셨습니다.
살아생전 가끔 집에 놀러 오셔서
짜장면과 칼국수도 함께 드시곤 했었죠.

몇 개월 전에는 치매에 걸리셨어요.
세상 무엇이 못마땅하셨기에
그 많은 기억들을 지우셨을까
늙으면 어린애가 된다는 말을 실천이라도 하듯
풍진 세상 덧없는 세월
훌훌 털어 버리셨더군요.

사람이 죽는다고 영원히 사라진다고 생각하지는
않아요.
그러나 내 앞에 없는 것만은 확실하죠.
그것이 슬픈 거죠
내가 가진 감각으로 느낄 수 없다는 것이
감각을 초월한 그 무엇을 추구하며 살지만

그래도 결국 감각에 의존하는 것이 우리 인간이에
요.

그러고 보니
할머니는 말없이 돌아가지 않으셨어요.
죽음으로 저에게 한 가지 교훈을 남기셨습니다.

살아계실 때 살갑게 다가가지 못한 것이
못내 아쉽기만 합니다.

육신에서 분리된 영혼만은 좋은 곳으로 향하길
기도드릴게요.

감사합니다.

집착

집 앞 작은 산속을
운동 삼아 몇 바퀴 돌아요.

새 소리 들으며
풀 향기 맡으며
어제 내린 밤비에
촉촉한 오솔길을 걸어요.

걷다보면
머릿속은 이 생각 저 생각
같은 길을 수십 번 지났어도
매번 낯설죠.

생각은 제 멋대로
파도처럼 멀어졌다
쏴아 하고 밀려옵니다.
가지려해도 잡을 수 없고

보내려해도 떠날 질 않는

그 님처럼

속삭이는 바람이 되어
노래하는 강물이 되어

그렇게
살아야겠어요.

신문

깨알 같은 글씨로
온갖 소식을 담아
집을 찾는 첫 손님

요즘은 왜이리
슬픈 일도 많은지

글자 하나하나
삶의 애환 모두 숨어
한 눈에 후루룩
읽어내기 힘들다.

가벼운 종이만큼
내 마음을 팔랑팔랑
기쁜 소식 반갑게
배달해 주렴

더위와 빙수

빙수 장수와
가까운 친척인 더위는
작년보다 일찍 찾아와
뭐가 그리 좋은지
하루 종일 쨍쨍거린다.

한편
더위와 대판 싸운
우산 장수는
그 후로
자신의 잘못을 뉘우치고
우산이 아닌
양산을 팔기 시작했다.

우리는
자연과 친구가
되어야 한다.

새벽

밤은 어두워야 제 맛

환하게 불 밝혀
어둠을 몰아낸들
이로울 것 하나 없어

컴컴한 동굴 속으로
하루에 지친 몸
일찍 눕히고

3차원을 넘어
과거로 미래로 우주로

이제
만물을 깨우는
새벽녘에서
힘찬 하루를
시작할 시간

용기

지친 이에게
격려를 주는 일

슬픈 사람을
꼭 안아 주는 일

자신의 잘못을
솔직히 고백하는 일

사랑하는 사람에게
사랑한다고 표현하는 일

세상에서 가장 용기 있는 일

면 역 력

메르스에 사람들이
벌벌벌

학교도 안 가고
직장도 쉬면서
오직 집안에만
콕

하지만
늘 웃는 사람
긍정적인 사람은
달라

언제까지
이럴 수는 없어
조심하되
겁먹지는 않지

스트레스를 벗고
활기차게 생활할 때

그 어떤 질병도
거뜬하게 이길
면역력이 생기지

구름빵

오늘 아침 하늘을 보니
흰 구름이 듬성듬성
얼룩송아지 검은 점 같기도 하고
소보로빵 등껍질 달콤한 곰보 같기도 해.
구름은 참 마법사처럼
자신이 원하는 것을
언제든 어떻게든
만들 수 있구나

뿌리

깊은 어둠 속에서
땅의 영양분을 모아
말없이 전해주는 너

예쁘다는 칭찬 한 마디
듣지 못해도
너로 인해
모든 것이 살 수 있음을
어찌 잊으랴.

줄기를 키우고
초록 잎을 피어
꽃과 열매를
맺는 너

생명의 원천인
네가 있어
만물은 이롭다.

집 밥

태릉에 있는
선수들에게 물어봤어요
어떤 음식을 가장 먹고 싶은지.

식당의 소갈비보다
어머님의 된장찌개가
훨씬 좋데요.

집 밥에는 정성이 있기에
형언 못 할 깊은 맛이 있데요.

정성을 먹어야 만
힘이 나서 메달도 딸 수 있데요.

음식은 결국
재료보다 정성인가 봐요.

노을

검은 먹구름이
하늘을 덮으려 하지만
너무 넓어
노을의 붉은 빛을
감추지 못하고
그만 들켜버렸네.

감동

내가 겪은 슬픔을
어느 멋진 가수가
노래로 위로 해 줄 때

내가 미처 몰랐던
소중한 가치들을
영화 속 명대사 명장면으로
새롭게 확인 할 때

내가 그토록 찾던
삶의 의미를
책을 통해
깨닫게 될 때

깊은 어둠속을
헤매고 있을 때
한줄기 빛으로

나를 인도해 줄 때

바로 그 때
감동이지

희망은 언제나

판도라 상자에서
가장 늦게 나왔기에
우리에게도 항상
제일 늦게 찾아오나봐.

하마터면 그 자리에
털썩 주저앉으려 할 때
살며시 다가와
두 손을 끌어 주고
어깨를 토닥이며
부드럽게 쓰다듬지.

너의 존재가 나에게
삶의 불씨가 되어
더 넓은 세상으로
쉬지 않고 걸어가도록
힘을 주네.

희망은
언제나 그렇듯이

내 안의 나

어릴 적 마음의 상처가
그대로 남아
또 다른 내가 되지

질투하고
분노하고
의심하고
조급하며

의존적이고
잘난 체하고
외로워하지

나는 어른이 되었지만
마음속 그 아이는
여전히 그대로지
누가

이 아이를

좀

말려주세요.

비 갠 하늘

장맛비가 슬쩍
왔다 간 후
허공에 맴돌던
미세먼지 사라지고
하늘은 푸른
제 색을 찾았다.

산에 오르니
저 먼 동해 바다의
넘실대는 파도 보이고
저 고개 넘어
사랑하는 님의
가벼운 발소리 들린다.

유월의 하늘은
이렇게
마음까지 푸른

잊지 못 할
노래다.

자기소개서

진학을 위해
취업을 위해
자기소개서를 작성합니다.

나의 성장 과정은 어떠했는지
나의 장점과 단점은 무엇인지
솔직하게 돌아보는 시간이죠.

그 동안 몰랐던 새로운 나를
발견하기도 하지만
묵은 기억의 상처를 떠올리는 것처럼
불편하기도 합니다.

한마디로
지금까지 요 정도 밖에 살아온 것에
후회만 가득하죠.
그래도 일단

합격은 해야 하니
없는 것도 있는 것처럼
부족한 것도 풍성한 것처럼
글자마다 좔좔좔
기름칠을 하며 윤을 냅니다.

앞으로 소개서에 쓴 것 그대로
살아가겠습니다.

치과 가던 날

잇몸이 붓고
피가 나기에
치과에 갔어요.

몸을 거꾸로 눕히고
입을 크게 벌린 채
쇠꼬챙이로 마구 찌르더군요.

입에서는 피가 철철 흘렀지만
아무 말 못하죠.
그 동안 저지른 죄가 많아서.

인스턴트 음식을 즐겼고
종종 야식도 챙겨 먹었으며
칫솔질은 가끔 건너뛰기도 했죠.

이제 피를 봤으니

정신 차리고
제대로 관리 해야죠.

치아는
오복 중 하나잖아요.

풍선

양 볼이 터지도록
바람을 머금고
후~훅하고
숨결을 전하지.

얇은 피부는
탱탱하게 부풀어
지 잘난 줄만 알고
위로만 가려고 하지.

바람이 새지 않도록
막고 있던 손을 놓으면
미친 듯
몸을 흔든 후
땅바닥으로 쓰러지지.

침을 질질 흘리며

헐렁해진 모습이지만
숨결을 받으면
곧 팽팽해지지.

그러나
이번에는
날카로운 못을 조심하렴.

설탕사절

보기 싫은 신문을
무작정 대문 안으로
던지고 가면

"신문사절"이라고
짧고 단호하게
경고를 했었죠.

이젠
"설탕사절"이라고
입구(入口)에 붙여
비만에 원흉을
원천봉쇄하렵니다.

그동안
입속으로
휙휙 무자비하게 던져 놓고

뒷감당 못하던
못 된 버릇을
단단히 고쳐야겠어요.

인생 백세 시대
지금부터 건강한 식습관
필요할 때잖아요.

어제의 나, 오늘의 나

하루아침에
새로운 사람으로
다시 태어날 수 있죠.

어떤 경험을
가졌느냐에 따라
어제의 나는
새로운 나로 환생합니다.

'크리스마스 캐럴'의
스크루지도 그랬다죠.

무의식에 자리 잡은
트라우마를 걷어내자
막혔던 기(氣)가 펑하고
뚫리나 봅니다.
그러니

내 앞의 사람을
어제의 시각이 아닌
오늘의 시각으로
바라보세요.

어쩌면 그도
유령과 함께
자신의 과거와 미래를
방금 갔다 왔을지
모르잖아요.

원만한 삶

칭찬은 듣기 좋으나
비판은 듣기 싫어요.

자신의 허울은 안 보이나
상대의 허울은 잘 보이죠.

원만한 인생을 살고 싶다면

남의 허울보다는
나의 허울을 먼저 보세요.

비판보다 칭찬을
많이 하세요.

내가 싫은 것은
남도 싫은 법입니다.
그래도 뭔가 지적하고 싶다면

칭찬을 아주 많이 한 후
번개처럼 빨리
실수를 알려주세요.

아름다운 삶

새벽부터 태양은
자신을 불살라
어두운 곳곳을
환하게 비추죠.

그렇게 고된
하루를 보내고
집으로 돌아갈 때조차
오묘한 색들로
산과 들을
칠하죠.

참 아름다워요.

우리도 태양처럼
컴컴한 어둠에
자리를 내 줄

마지막 순간까지
세상을 아름답게 만드는
불빛이 되어보아요.

똥

냄새나고
더러운 너

파리가 달라붙고
구더기가 득실득실

그러나
밭에 던져지면
땅을 기름지게 만드는
너무나 소중한 약

환경에 따라
달라지는 건
너 뿐만이 아닐 거야.

어떻게
활용하느냐에 따라

달라지는 건
너 뿐만이 아닐 거야.

어떤 관점을
가지냐에 따라
달라지는 건
진정 너 뿐만이 아닐 거야.

마지막 인생

우리 인생
한없이
멋지게 살아요.

한 톨의 아쉬움
남기지 말고
최선을 다해
인생을 펼치자고요.

물질의 욕심은
끝도 없으니
그 길로는 가지 말아요.

나를 위해 살지 말고
남을 위해 살아봐요.

오늘 하루가

나의 마지막인 것처럼
미완성을 남기지 말고

나의 인생
나의 길을
마지막으로 걸어요.

냉면

더운 여름엔
냉면이 제격
쫄깃한 면발
시원한 육수
식초와 겨자
석쇠 불고기
함께 말아서
사랑하는 님
오붓이 앉아
영원 토오록
먹고 싶어라

태풍이 전하는 말

파란 바다 근처에
예쁜 기와 집짓고
멋진 풍경 즐기고
맛난 음식 먹으며
예쁜 각시 데리고
함께 살고 싶지만
항상 요맘 때쯤에
북상 하는 태풍이
헛된 상상 네이놈
호된 야단 소리에
아냐 이건 아니지
지금 내가 있는곳
내할 일에 충실히
그것 만이 참된길

시험지

하루하루가
매일 시험지

만나는 사람은
내가 풀어야 할 문제들

쉬운 문제
어려운 문제
섞여 있듯이

하루의 삶에도
반가운 사람
피하고 싶은 사람
섞여 있단다.

문제를 잘 풀어야
칭찬 받고

보람찬 하루가 되지.

오늘 몇 점 받았어?

어울리는 삶

씨앗이 성장하기 위해서는
땅 속에 자리를 잡아야 하지.
내면의 무한 에너지도
다양한 양분과 어울려야
제대로 분출할 수 있지.
어디 그 뿐인가
넘치지 않을 정도의
물도 필요하고
적당한 바람도 불어와
온도를 맞춰야 하지.
작은 하나를 키우는데도
이렇듯 수많은 요소가
필요할진데
이 세상 어느 것 하나
자기 혼자서
살 수 있으랴.
우리는 함께 어울려야

제대로

살 수 있어라.

비 오는 오후

긴 장마 앞에
부슬비가 슬쩍 와
오후를 적셔요.

더위가 움찔
뒷걸음치자
왠지 뜨끈한
무언가를
먹고 싶네요.

비 오는 날
뭐니 뭐니 해도
부침개가 제격

아침 텃밭에서 딴
애호박 송송 썰어
넉넉하게

부쳐냅니다.

프라이팬에서 갓 나와
흰 김을 내 뿜을 때
젓가락으로
생긴 대로 찢어
간장에 살짝
찍어 먹지요.

오늘
비 덕분에
맛있는 부침개
실컷 잘 먹었습니다.

화풀이

힘 센 사람에게
욕을 먹던지
스트레스를 받으면
누군가에게
화풀이 하지.
이 때 가장
만만한 것이
아이들.

책상 어지럽히고
양말 뒤집어 벗어놓고
안 씻고
공부 안 하면
내 안에 가진
모든 분노를
아이에게 쏟아 버리지.

그리고
곧
후회하지.

초심

좋은 일이 생길 것 같으면
하루 종일 싱글벙글
실현되지도 않은
온갖 상상만으로도
마음만 들떠

이럴 때
기억해야 할 말이 있으니

초심

늘 곁에 두어
순수함을 지켜야하지
누렇게 변색되지 않고
새하얀 늘 푸른
그 모습 그대로

습관

오랜만에
산에 올랐다.
꾸준히
오르락내리락 했을 땐
쉽게도 넘어가고 내려가던 것이
오늘 따라
숨이 차고
다리가 퍽퍽해진다.

어렵게 자리 잡은
좋은 습관도
일주일간 묵혀두면
쥐도 새도 모르게
내 곁을 떠나간다.

나에게서 단물을
모두 뽑아 먹고
도망친 누구처럼

기회

어제 본 사람을
오늘 또 본다면
아주 큰 행운입니다.

그에게
어제 못 다한
사랑을
전해 줄 기회가
있으니까요.

그런데 우리는
어제 본 사람을
오늘도 봤으니
내일도 볼 거라
나태해져요.

그러다

기회를 잃고
사랑도 잃어
결국 세상을
잃게 됩니다.

바람의 소리

숲을 거닐다
바람이 찾아와
나뭇잎을 흔들어

어떤 악기로도
모방할 수 없는
자연의 소리를
들어요.

새들은 물론
풀벌레도 노래해
목 메인 꽃들은
웃는 얼굴로
소리쳐

오늘 난
숲에서

자연을

보고 듣고

느꼈어요.

사랑 그 놈

들으면 들을수록
마음이 먹먹해지는 노래
사람마다
그런 노래 한 가지씩
갖고 있지.

나에게도
외롭고 쓸쓸할 때
내 마음을
위로해주는 노래가 있어

"사랑 그 놈"

사랑을 "놈"이라고
표현한 것을 보면
사랑 때문에
가슴 꽤나 아팠을 거야.

그래서
한 번 듣고 또
자꾸만 다시 듣게 되지

노래 그 놈.

자 연 처 럼

아주 작은 나라이지만
지역마다
고유한 색깔이 있어
먹고 사는 모습이
모두 다르지

산 좋고 물 좋은
이곳에서
어디 한 곳
머물고 살기엔
너무 아쉬워

바람처럼
가고자 하는 곳
자유롭게

구름처럼

머물고 싶은 곳
여유롭게

강물처럼
흐르고 싶은 곳
유유하게

자연처럼
살고 싶어라.

능력

평범한 재료로
놀라운 요리를 만들 듯

평범함 속엔
우리가 모르는
새로운 세계가 있지

그것을 찾아내어
사람들과 함께 공유하는 것
그것이 진짜 능력이지

암살

누군가에게
원한을 받으면
쥐도 새도 모르게
운명을 달리한다.

자신은 최선이라고 하지만
사실은 최악이었던 것이다.

나를 위한 잣대가 아닌
남을 위한 잣대야 한다.

암살만은 더 이상
일어나야 하지 않기에…….

욕심

상대를 내 마음대로
움직이게 하고픈 것이
욕심

부모는 자식을
교사는 학생을
상사는 부하를

그러나
생각만큼 쉽지 않아
온갖 스트레스가 쌓이지

욕심을 버리라는 것은
사람과의 관계를
올바로 잡는 것에서
시작하지

그래야만
사는 맛이 나지

겨울나무

더운 여름 가졌던
푸른 잎은 사라져
앙상한 마른 가지
찬바람에 휘둘려도
나무는 결코 죽지 않았다.

돌덩이처럼 차가운 땅 속
나무의 뿌리는
새로 올 봄을 기다리며
지난 해 보다
더 큰 영광을 꿈꾸며
정중동

나의 겨울도 나무를 닮았으면…….

자기소개서 2

자존심이 엄청 강해요.
싫은 소리 듣기를 정말 싫어하죠.
그래서 늘 완벽하려고 노력해요.
처음부터 그런 소리 안 들으려고.

고집도 매우 세죠.
남의 의견보다는
제 개인의 판단을 믿어요.
때론 우직한 듯하지만
상대와 소통이 약해요.

자연의 색

맑은 하늘을 자세히 쳐다보니
파랗다고 하기에는
그 표현이 조금 어색해
어떤 말로 하늘의 색을
전할까 고민하다
결국
하늘색

넘실대는 파도에 몸을 맡기고
파랗다고 하는 바다를 들여다보니
파랑은 바다를 나타내기엔
뭔가 부족해
그래서 바다도
결국
바다색

자연을 어느 한 가지로

압축하는 것은
처음부터 불가능
우리가 내편한대로
아무렇게
이름 짓지만
자연은 애초부터
그 빛깔을 안고
태어나지
그래서 자연이지

꿈 2

그곳엔 불가능은 없지
갖고 싶은 것
가고 싶은 곳
무엇이든 내 맘대로야
내가 왕이 되어
모든 것이 나를 따르지

눈을 뜨고 싶지 않아
영원히 그 곳에 머물고 싶어라
차가운 현실에서
알몸으로 사느니
미치광이라도
꿈속에서 살고파

오늘도 무사히
하루를 보내려 한다면
지금 바로
꿈을 꾸세요.

'사랑'의 의미

'사랑'과 같은 말로는 '존중'이 있습니다.
상대를 존중하면 그 사람을
결코 무시하지 않고 이해하게 됩니다.

'사랑'의 반대말로는 '집착'이 있습니다.
상대를 자기 맘대로 움직이려 합니다.
뜻대로 되지 않아 갈등과 싸움이 생깁니다.

우리는 상대를 존중하나요, 집착하나요?
'사랑한다'는 말 뒤에 숨겨진
참 의미를 찾아보아요.

이별 2

이제야
낙타 등처럼 굽은 등
곱게 펴
쉴 수 있네요.

칼날처럼
누워만 계시다
차갑고 딱딱한
나무 침대일망정
편하실 거라 믿어요.

보행기 없이도
가고 싶은 곳 어디든
생전에 못가 본
그 어디라도
마음대로 날아 다녀보세요.
이젠 자유를 얻었잖아요.

희미한 밤안개에 영혼을 실어
차가운 가을풍의 동력을 빌어
잠시 저희 곁을 맴도신 후
미련 없이 후회 없이
먼저 가신 님 계신
그 곳으로 그 곁으로
떠나가세요.

저희는 조금 더 살면서
당신의 못 다한 삶
채우고 가겠습니다.

혼밥

덩그러이 혼자 남은
점심시간

당신이 계셨더라면
짜장면 2인분 시켜
그 중 한 그릇의 반을
싹둑
내 그릇에 담으련만

이제 한 그릇은 주문사절

어쩔 수 없이
국물에 밥 말아 먹기 좋은
라면 하나 달랑 끓이죠.

이런 식으로
점점 점점 점

혼자 먹는 점심이
익숙해지겠죠.

완전한 사랑

사랑을 하면
우물을 옆에 두고도
목말라 죽는다죠.

사랑을 하면
곁에 있어도
그립기만 합니다.

당신의 숨결로
나는 생명이 되고

당신의 손길로
나는 길들여집니다.

당신을 향한
영원한 사랑은
저의 운명입니다.